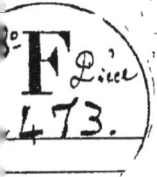

LE

NOUVEAU PROJET DE LOI

SUR

LA CHASSE

———— ✳ ————

SENLIS

IMPRIMERIE TH. NOUVIAN

place de l'Hôtel-de-Ville.

—

1895

LE

NOUVEAU PROJET DE LOI

SUR

LA CHASSE

———— ✳ ————

SENLIS
IMPRIMERIE TH. NOUVIAN
place de l'Hôtel-de-Ville.

—

1895

LE NOUVEAU PROJET DE LOI

SUR

LA CHASSE

Une bonne loi sur la Chasse doit donner satisfaction à trois intérêts principaux consistant à :

1° Assurer d'une façon efficace la protection du gibier;

2° Sévir énergiquement contre le braconnage;

3° Faire état des intérêts de l'Agriculture.

Une expérience de cinquante années a fait ressortir les défectuosités de la loi du 3 mai 1844; le projet nouveau voté par le Sénat est à l'état de rapport devant la Chambre des Députés; nous ne faisons aucune difficulté de reconnaître que le travail de la Commission améliore la loi en vigueur et les propositions du Sénat lui-même, mais nous croyons qu'il présente des lacunes et nécessite des modifications que nous demandons la permission de signaler en nous tenant aux plus importantes. .

Ouverture et fermeture de la Chasse.
Pouvoirs des Préfets.

La loi du 22 janvier 1874 a donné aux Préfets le droit que les tribunaux leur déniaient, de fixer des époques différentes d'ouverture et de fermeture pour les deux genres de chasse qui se pratiquent en France : la chasse à tir et la chasse à courre. Mais ils continueraient, avec la loi nouvelle, à ne pouvoir ouvrir ou fermer partiellement ni l'une ni l'autre.

Leurs arrêtés ont aujourd'hui à cet égard un caractère général et indivisible ; ils ne sauraient en ouvrant, exclure une espèce, décider, par exemple, que la chasse du perdreau, du lièvre, sera seule permise à partir du jour de l'ouverture et que celle du faisan (mesure pourtant si souvent nécessaire) n'aura lieu que plus tard, ni fermer la chasse d'une espèce quelconque, isolément.

Certains Préfets, cédant à des nécessités

pressantes, ont, en vue de la conservation d'espèces menacées de disparition, pris des arrêtés de ce genre; les tribunaux les ont déclarés illégaux.

Il n'est pas cependant de mesure plus sage et plus nécessaire; elle est depuis longtemps en usage dans les pays voisins; tous les chasseurs dignes de ce nom en réclament l'application; nous cherchons vainement l'objection qui pourrait la faire écarter.

La prohibition serait, suivant les circonstances, régionale ou locale, l'arrêté étant pris du reste après avis du Conseil général ou de la Commission départementale.

Le projet soumis à la Chambre des Députés (art. 11) autorise les Préfets à suspendre complètement la chasse des espèces qui tendraient à disparaître.

Mieux vaut les protéger au moyen de la faculté permanente que nous proposons de donner à ces hauts fonctionnaires que d'être obligé de recourir à une interdiction absolue qui serait bien autrement gênante.

Colportage.

Autant il est utile de réglementer le colportage et la vente du gibier, autant il faut se garder de tomber dans des exagérations qui n'atteignent que les « chasseurs » et sont sans influence sur la conservation du gibier.

Dans l'état actuel de la législation, il est interdit d'expédier du gibier d'un lieu où la chasse est ouverte dans un autre où elle ne l'est pas, ou de lui faire traverser, même en chemin de fer, des territoires *prohibés* pour arriver dans un département où la chasse est permise.

Que la mise en vente et la vente soient toujours défendues là où la chasse est interdite nous n'y contredisons pas, mais pourquoi aller au-delà?

Dans le premier cas comme dans le second, il suffirait d'exiger que le gibier expédié à un particulier fût accompagné d'une feuille de route délivrée par le Maire ou par le Commissaire de police qui en attesterait les origines.

Le projet (art. 51) prévoit cette organisation pour le gibier provenant des destructions opérées en temps prohibé; il n'y a aucune raison de ne pas l'appliquer d'une façon générale; ce serait supprimer une cause de contravention qui n'atteint ordinairement que les personnes de bonne foi.

Conserves de gibier.

Dans la pensée de mettre un frein aux habitudes frauduleuses des restaurateurs de haute marque et des marchands de comestibles, le projet décide que la vente ou la mise en vente des conserves ne pourra avoir lieu qu'à la condition qu'une estampille apposée par les soins de l'Administration, constatera que le gibier a été mis en boîte huit jours au plus tard après la fermeture de la chasse.

Cette mesure serait à notre avis plutôt faite pour inciter au braconnage que pour l'enrayer.

Au point de vue alimentaire la ressource est de minime importance, elle n'intéresse qu'un nombre très restreint de consommateurs aisés dont elle défraie le luxe.

Les particuliers sont libres de faire en temps d'ouverture des approvisionnements de ce genre; leur domicile est à l'abri de visites indiscrètes.

La garantie qu'on croit prendre vis-à-vis des marchands de comestibles serait illusoire; à côté des boîtes estampillées s'accumuleront les autres, qui alimentées en fraude et placées dans un local indépendant, échapperont aux investigations de la police.

Quant au restaurateur, le gibier qu'il servira désormais à sa clientèle sera de droit présumé sortir d'une boîte officielle ; personne ne sera chargé de descendre dans les sous-sol pour assister à son exhumation et constater au préalable la réalité ou la régularité du scellé ; on peut, aujourd'hui surprendre le restaurateur en faute ; désormais ce serait à peu près impossible.

Si on veut protéger le gibier, il faut en proscrire le commerce sous quelque forme que ce soit après la fermeture ; la réglementation des « conserves » serait une porte ouverte à la fraude, sans profit pour l'intérêt général.

Chasse de jour.

Le droit de chasser à tir et à courre n'est plus déterminé comme dans la loi de 1844 par les mots « de jour », le projet dit qu'il s'exercera « du lever au coucher du soleil ».

Cette modification qui a pour but de substituer une règle fixe au droit d'appréciation du juge, présenterait en raison de sa

précision même, de très sérieux inconvénients, si la loi n'en atténuait la rigueur.

Une chasse à courre ne peut être arrêtée
instantanément; le chasseur à tir sera-t-il
toujours en situation de connaître la minute
précise après laquelle il devient un délinquant?

L'art. 7 de la loi d'Alsace-Lorraine sur la
police de la chasse est ainsi conçu :

« La chasse dans les champs est interdite
« pendant la nuit; est considéré comme
« temps de nuit l'intervalle depuis une heure
« après le coucher du soleil et une heure
« avant le lever. »

S'il est facile de ne pas se mettre en
chasse avant le lever du soleil, il faut reconnaître que les conditions ne sont pas les
mêmes à la fin du jour pour le chasseur à
tir, et surtout pour le chasseur à courre;
nous estimons indispensable de prolonger
pour eux le temps de jour pendant 30 minutes au moins après le coucher du soleil.

Moyens de chasse.

La diminution des espèces tient non-
seulement au développement du braconnage, mais aussi à certains moyens de
chasse d'invention récente que les tribunaux

se sont, à défaut de textes suffisants, déclarés impuissants à proscrire.

Une disposition du projet interdit la chasse au fusil « à l'aide de mannequins ou « de buissons mobiles ou de tous autres « moyens servant à masquer le chasseur et « à lui permettre d'approcher le gibier. »

Dans nombre de localités aujourd'hui des chasseurs peu scrupuleux louent des terres dans le voisinage des bois et y font des ensemencements destinés à attirer le gibier, ils y creusent des trous dissimulés par des branchages d'où, se tenant à l'affût, ils fusillent tout ce qui vient à leur portée ; il est dans l'esprit du projet de prohiber de semblables moyens aussi contraires aux règles de la chasse, à la conservation des espèces, qu'à la loyauté ; mais s'agissant d'une loi pénale il est nécessaire d'en compléter le texte qui pourrait être ainsi modifié :

« A l'aide de mannequins, buissons mo-« biles, *trous, abris artificiels,* ou de tous « autres moyens servant à masquer le chas-« seur et à lui permettre d'approcher le « gibier *ou au gibier de s'en approcher.* »

Dans le même ordre d'idée nous signalons à l'attention du législateur l'emploi « des *banderolles* » qui a amené dans certaines contrées une diminution très sensible du lièvre notamment.

Il consiste, on le sait, à placer la nuit sur son terrain, mais le long du bois voisin, des cordes ou ficelles auxquelles sont attachés de distance en distance des morceaux d'étoffe ou de papier, de couleur blanche, qui effraient le gibier sorti du bois et l'empêchent d'y rentrer; le lendemain matin le fusil fait son œuvre, et le *banderolleur* n'a pas en général à regretter le temps passé « sub Jove frigido ».

La légalité de ce mode de chasse a été vivement contestée; le tribunal de Rambouillet l'a condamnée, mais la Cour de Paris, tout en blâmant la déloyauté du procédé, a jugé en *droit* que la banderolle ne faisant qu'accompagner un mode de chasse permis et ne pouvant procurer par elle seule la capture du gibier, ne constituait pas l'usage d'un engin prohibé; la Cour de cassation s'est rangée à cette doctrine; nous faisons observer que les appeaux, chanterelles, les buissons mobiles, pas plus que la banderolle, ne permettent par eux-mêmes la capture; ils sont cependant défendus parce que, grâce à leur emploi, le gibier tomberait plus facilement sous les coups du chasseur.

S'il prenait fantaisie au propriétaire du bois d'user du même moyen pour empêcher le gibier de sortir de chez lui, sa libre circulation, condition de sa reproduction et de son existence même, se trouverait singulièrement entravée et si le bois faisait avec le fusil concurrence à la plaine, les espèces auraient bientôt complètement disparu.

La Cour de cassation a aussi déclaré licite le fait, par un propriétaire d'établir des trappes mobiles dans la clôture de son parc, alors que celles-ci sont construites de façon à permettre au gibier d'*entrer* et non de *sortir ;* elle se fonde également sur ce motif que ces engins ne capturent pas le gibier, l'arrêt ajoute 1° qu'il n'était pas établi, dans l'espèce soumise, que le prévenu eût fait chez lui des ensemencements pour attirer le gibier, 2° qu'en raison de l'*étendue* du parc la trappe n'en assurait pas au propriétaire la possession immédiate et matérielle, puisqu'il fallait encore se mettre à sa recherche pour s'en emparer...

Ces raisons ne sauraient nous toucher; l'emploi de tels engins a pour résultat certain la confiscation du gibier au profit de la propriété close et au préjudice de celle qui ne l'est pas; celle-ci se trouve arbitrairement privée d'un avantage naturel qui contribue à son agrément et à sa valeur; en fait, comment vérifier et comment résoudre cette question d'ensemencements ? en droit, l'usage d'un engin de chasse ne peut être, quant à sa légitimité, subordonné à la contenance du terrain; si l'enclos est restreint, le propriétaire pourra s'emparer du gibier sans être obligé de se mettre à sa recherche.

Des solutions qui ont pour effet de créer la prééminence d'un héritage sur un autre, de légitimer des pratiques destructives, doivent être condamnées dans la loi nouvelle par des textes précis.

Pénalités.

Les pénalités sont la sanction de la loi; si on veut la rendre efficace il faut que la peine soit proportionnée à la criminalité du fait et aux antécédents de l'agent.

Le braconnage a pris de nos jours un développement et une gravité dont on n'a pas une idée exacte dans certains milieux.

Sans attendre la loi sur les syndicats professionnels, il s'est formé dans certains centres, aux portes de Paris notamment, des associations de braconniers dont les membres rayonnent sur les régions giboyeuses, exerçant leur industrie pendant la nuit avec les engins les plus destructeurs.

Quand l'un d'eux tombe *par hasard* entre les mains de la justice, la caisse de la Société est là pour secourir son infortune.

Parmi les *sédentaires* il n'est pas rare d'en rencontrer dont le casier accuse de 20 à 40 condamnations et même davantage. Ceux-là quittent la prison pour recommencer et y revenir sans tristesse goûter un repos bien gagné. La plupart de ces professionnels sont sans domicile fixe, et fournissent à l'occasion des recrues à l'armée des meurtriers.

On lit dans l'exposé des motifs de la loi de 1844 : « le braconnage est devenu une indus-« trie, les désordres qu'il cause augmentent « de plus en plus ; sa répression aura pour « résultat de faire perdre à une classe nom-« breuse de la société des habitudes d'oisi-« veté et de désordre qui conduisent à des « délits de tout genre et trop souvent même « à des crimes. »

Le but poursuivi n'a pas été atteint ; loin de s'améliorer la situation s'est considérablement aggravée; rien ne démontre mieux la nécessité d'une répression plus énergique.

Celui qui de propos délibéré place sur le terrain d'autrui des engins prohibés, qui vient la nuit tirer au branché des faisans élevés à grands frais, commet (nous en demandons pardon aux Romains nos ancêtres) un véritable vol ou une tentative; le gibier appartient au propriétaire du sol qui lui donne asile, il est à lui tant qu'il s'y trouve; c'est, si l'on veut, une propriété passagère, fugitive, mais dont la mobilité ne détruit pas le caractère; il a la faculté de changer de maître, mais il ne cesse pas d'en avoir un.

La peine maxima de 2 mois ou de 4 en récidive, est manifestement insuffisante dans un grand nombre de cas. Il convient de laisser aux tribunaux la faculté de la porter à 6 mois et de l'élever jusqu'au double pour les récidivistes condamnés depuis moins de deux ans pour semblables délits.

Mais il est une peine accessoire que nous regardons comme nécessaire pour enrayer le mal et avoir raison des professionnels du délit qui sont en rébellion ouverte contre la loi et ne tiennent aucun compte des avertissements qu'ils ont reçus.

Nous voulons parler de « l'interdiction de

séjour » introduite dans notre législation par la loi du 27 mai 1885.

Quand un individu aura été condamné un certain nombre de fois à des peines déterminées, les tribunaux déclareront qu'il y a lieu à interdiction de séjour pendant un temps qui ne pourra excéder 5 ans, par exemple:

L'administration lui fera connaître les arrondissements ou départements dans lesquels il ne pourra résider durant cette interdiction qui s'appliquera nécessairement à tous les centres giboyeux.

Obligé d'habiter dans ceux où la rareté du gibier ne lui permettrait plus de tirer un produit appréciable de son industrie, le condamné sera forcé d'y renoncer et de revenir à des habitudes régulières afin de pourvoir à ses besoins.

Nous insistons sur ce point en le recommandant avec beaucoup de bons esprits à l'attention du Parlement.

*
* *

L'art. 16 du projet § 5 punit de 50 à 200 fr. d'amende et d'un emprisonnement facultatif de 6 jours à 2 mois, la fabrication ou la vente *des filets,* engins ou autres instruments de chasse prohibés.

Nous faisons observer

1° Que tel engin prohibé pour la *chasse* peut être nécessaire pour la *destruction* (dont nous nous occuperons plus loin) ;

2° Qu'on ne saurait *à priori* frapper d'interdit la fabrication et la vente d'un filet qui peut être affecté aux usages les plus licites par cela seul qu'il *pourrait* aussi servir à un autre emploi.

Les fils de fer et de laiton tiennent une grande place dans la métallurgie ; on ne songe pas à les atteindre bien qu'ils soient employés par les braconniers à confectionner les collets.

<center> *
* *</center>*

Nous relevons en passant l'art. 8 § 6 qui refuse le permis « à ceux qui auront été « condamnés pour *chasse de nuit avec* « *engins prohibés.* »

On pourra avec la loi nouvelle encourir une condamnation pour chasse de nuit, par cela seul que l'action de chasse aura commencé avant, ou se sera prolongée de quelques minutes, après l'heure fixée ; pour

un délit de ce genre l'indulgence s'impose ;
mais s'il s'agit d'un braconnier ayant chassé
pendant la nuit à l'aide d'un fusil ou pendant le jour à l'aide d'engins prohibés, le
traitement doit être différent ; avec le projet
le permis de chasse ne pourrait être refusé
au premier malgré le caractère de gravité
du fait, le fusil n'étant pas « engin prohibé » ;
il nous semble d'autre part qu'un individu
condamné pour chasse avec engins prohibés
à deux reprises n'est plus guère intéressant.
Nous proposons de refuser le permis de
chasse à celui qui aura subi deux condamnations pour chasse de jour avec engins
prohibés ou une seule à l'emprisonnement
pour chasse de nuit.

ARTICLE 14.

Cet article punit d'une amende de 16 à
100 francs ceux qui auront chassé sur le
terrain d'autrui malgré une *interdiction
rendue publique* et ajoute que l'amende
pourra être portée au double si le délit a été
commis sur un terrain où le droit de chasse
était *clairement, expressément* et *manifestement* réservé.

Cette innovation en contradiction appa-
rente au moins avec les termes des art. 2

et 10 du projet modifierait radicalement les principes qui régissent le droit de propriété dont la chasse est un accessoire

Aujourd'hui le chasseur est tenu avant de mettre le pied sur le terrain d'autrui de s'assurer du consentement du propriétaire; désormais celui-ci serait obligé pour se défendre contre les incursions des tiers, de rendre publique son intention de réserver le droit de chasse.

En dehors du principe sacrifié, qui ne voit les inconvénients du système ?

Une personne loue le droit de chasse sur des terres, des bois, des étangs...

N'est-il pas manifeste que c'est pour l'exercer à son profit? En vertu de quel ordre de considérations la contraindrait-on à faire à ses frais publier chaque année à son de caisse, dans les journaux, ou par des poteaux qui disparaîtront souvent, qu'elle n'entend pas que sa propriété soit envahie et cela sous peine de perdre le bénéfice de son contrat?

De telles dispositions ne sauraient trouver place dans nos lois.

Nous ne méconnaissons pas les désagré- ments auxquels est exposé un chasseur étranger à la localité dans laquelle il vient utiliser son permis, sans avoir la plupart du temps aucun droit de chasse sur le territoire. Paris en expédie des quantités plus considérables d'année en année de cette catégorie; à eux de se renseigner sur la situation des terrains qu'ils peuvent librement parcourir, ou de solliciter des autorisations de chasse.

Quant aux habitants du pays ils sont fixés sur *les réserves* et s'ils ne les respectent pas, c'est à leurs risques qu'ils agissent.

La jurisprudence est venue au secours des chasseurs de bonne foi, dans la mesure du possible, en décidant qu'un propriétaire qui avait, pendant un certain temps, laissé chasser librement sur ses terres n'était pas fondé à faire verbaliser du jour au lendemain; elle exige que le retrait de *l'autorisation tacite* résultant des pratiques antérieures soit notifié au préalable.

On ne saurait sans faire échec au droit et sans susciter d'inextricables difficultés, exiger rien de plus.

ARTICLE 29.

Cet article reproduit les termes de l'art. 25 de la loi de 1844 :

« Les délinquants ne peuvent être désar-

« més ; s'ils refusent de faire connaître leur
« nom, ou s'ils n'ont pas de domicile connu,
« ils seront saisis et conduits devant le Maire
« ou le Juge de paix qui s'assurera de leur
« individualité. »

Pour s'en assurer, il faut nécessairement
que le magistrat détienne provisoirement
l'inculpé; où ? pendant combien de temps ?
la loi doit s'en expliquer afin de tracer au
fonctionnaire son devoir et ne pas l'exposer
aux conséquences d'une détention arbitraire.

Nous pensons qu'il conviendrait d'autoriser le magistrat devant qui le délinquant
sera amené et qui n'aura pu dans les vingt-
quatre heures s'assurer de son individualité,
à le faire conduire devant le Procureur de la
République qui continuera les recherches et
aura le droit de le détenir pendant 5 jours
qui s'imputeront s'il y a lieu sur la durée de
l'emprisonnement.

Un tel délinquant n'est pas digne d'une
sollicitude exagérée; il ne saurait se plaindre
de la mesure puisqu'il dépend de lui d'en
éviter l'application.

Destruction des animaux malfaisants ou nuisibles.

La partie de l'art. 9 de la loi de 1844 qui
règle la matière est ainsi conçue :

« ..... Néanmoins les Préfets sur l'avis des
Conseils généraux prendront des arrêtés
pour déterminer..... 3° les espèces d'animaux
malfaisants ou nuisibles que le propriétaire
possesseur ou fermier pourra *en tout temps*
détruire sur ses terres et les conditions de
l'exercice de ce droit, sans préjudice du
droit appartenant au propriétaire ou au fermier de repousser et de détruire même avec
des armes à feu les *bêtes fauves* qui porte-
raient dommage à ses propriétés. »

Peu de dispositions ont soulevé autant de
difficultés. Afin de ne pas allonger inutile-
ment ces observations nous nous bornerons
à résumer la substance des arrêts que nous
avons pu vérifiér.

« L'animal, quadrupède ou volatile, qui
porte atteinte à la propriété ou qui la menace,
est réputé malfaisant ou nuisible; par suite
il peut être détruit en tout temps, aussi bien
la *nuit* que le *jour* sans permis de chasse,
alors même qu'il n'aurait pas été classé et
cela en vertu d'un droit naturel de défense. »

Le perdreau et le faisan sont, croyons-
nous, les seules espèces parmi les volatiles
qui aient échappé à cet ostracisme; encore
avons-nous connu un expert judiciaire qui
pour ce dernier, imposait aux propriétaires

des bois dès indemnités en réparation du dommage causé par ses *piétinements;* de là à le déclarer nuisible ou plutôt malfaisant il n'y a qu'un pas.

Dans l'ordre des quadrupèdes, le chevreuil n'a pas trouvé grâce devant ses juges; le lièvre à son tour a été traduit à la barre, il n'a dû son renvoi qu'à des circonstances particulières (Cassation, 29 décembre 1858).

Ces décisions sont dues à plusieurs causes :

Une confusion dans la loi entre le droit de chasse et le droit de destruction,

La rédaction mal comprise de l'art. 9,

Des erreurs d'interprétation.

La loi d'Alsace–Lorraine, une des mieux faites que nous connaissions, dit dans son article 2 :

« La destruction des animaux nuisibles « par les propriétaires, possesseurs ou fer- « miers sur leurs terres n'est pas considérée « comme exercice de chasse.

« Le ministère détermine 1° quels ani- « maux sont réputés nuisibles ; 2° les « moyens de destruction de ces animaux « et les conditions dans lesquelles elle est « permise. »

On ne saurait mieux définir.

Il est dans la pensée du projet (art. 11) de mettre fin à l'état de choses actuel qui donne les pires résultats ; une disposition nouvelle transporte des Préfets à un règlement d'administration publique « le droit de déterminer chaque année pour *toute la* France les animaux nuisibles qui pourraient être détruits en tout temps sans permis et les conditions de l'exercice de ce droit » et supprime la partie finale de l'article 9.

A ce système nous ne faisons pas d'objection de principe, mais nous demandons en premier lieu que cette disposition soit rangée sous un titre spécial de la loi intitulé « *du droit de destruction* » qui réunira toutes les prescriptions relatives à cet objet.

Au fond nous pensons que la mission donnée au Conseil d'Etat doit recevoir certaines modifications qu'il nous sera permis de traduire dans une formule un peu différente :

« La destruction des animaux de tous « ordres déclarés malfaisants ou nuisibles, « n'est pas considérée comme l'exercice du « droit de chasse.

« Un règlement d'administration publique « déterminera chaque année pour toute la

« France : 1° les espèces d'oiseaux utiles à
« l'Agriculture dont la chasse ou la destruc-
« tion ne sera permise en aucun temps;
« 2° les animaux malfaisants ou nuisibles;
« quadrupèdes et volatiles qui seront divisés
« en 2 catégories : la 1re comprenant ceux
« que les Préfets dans chaque département
« seront tenus de classer annuellement
« comme tels; la 2e ceux dont le classement
« sera facultatif, sur l'avis conforme du
« Conseil général.

« Le propriétaire, possesseur ou fermier,
« *ou son délégué* aura le droit de détruire en
« *toute saison* sur ses terres *ensemencées* ou
« *portant une récolte,* ainsi que dans *ses*
« *bois,* les animaux classés par l'arrêté
« préfectoral pris en exécution du règle-
« ment sans être muni d'un permis de
« chasse.

« Le même règlement déterminera les
« moyens et engins de destruction de ces
« animaux et les conditions dans lesquelles
« elle pourra avoir lieu. »

Il est impossible en effet selon nous
d'édicter pour toute la France une classifi-
cation uniforme et de ne pas tenir compte
des éléments si différents dont se compose
la faune dans les diverses parties du pays,

non plus que des mœurs, des habitudes de chaque région.

Le loup, le sanglier, le renard seront rangés dans la 1ʳᵉ catégorie parce qu'ils sont incontestablement et partout malfaisants ou nuisibles.

En est-il de même pour les cerfs et biches, par exemple, que l'art. 43 classe *à priori* comme tels, faisant en cela, on ne sait pourquoi, l'office réservé au règlement d'administration publique? Nous ne le pensons pas; nous croyons absolument nécessaire de laisser la solution aux Préfets assistés du Conseil général parce qu'elle peut varier dans chaque département.

Le Conseil d'Etat à deux reprises (1ᵉʳ avril 1881, 3 août 1888), a décidé que le cerf n'était pas un animal nuisible dans le sens de l'arrêté du 19 pluviôse an V.

En fait, dans certaines régions, ces animaux sont inconnus, dans d'autres ils n'existent qu'en petit nombre et ne font courir à l'Agriculture aucun danger sérieux, dans d'autres enfin ils ont permis à des sociétés de s'organiser pour les chasser à courre; ces chasses qui apportent dans la contrée un élément de distraction et d'agrément y répandent aussi de l'argent,

Si certaines récoltes sont endommagées, les cultivateurs en sont indemnisés après expertises qui se font le plus souvent à l'amiable.

L'Etat lui-même n'a pas intérêt à tarir la source importante de produit qu'il trouve dans la location des forêts domaniales.

Dans la même catégorie, mais par d'autres considérations, on peut placer le lapin, qui nuisible quand sa trop grande multiplication a été favorisée par l'état climatérique, ne présente pas le même danger en nombre réduit. Les Préfets placés aux sources d'informations sont mieux que le pouvoir central à même de décider.

La décentralisation est à l'ordre du jour; n'est-ce pas le cas d'en faire l'application à des questions de ce genre qui relèvent au premier chef du pouvoir local?

*
* *

Si le propriétaire ou fermier se trouve dans l'impossibilité, pour un motif quelconque, d'exercer par lui-même le droit de destruction, il est juste qu'il puisse le déléguer; mais cette délégation devra être soumise au contrôle de l'Administration pour empêcher qu'elle ne s'égare sur des individus suspects ou indignes; dans tous les cas le délégant devra rester responsable du délégué dans l'exercice de ses fonctions.

Nous disons « sur ses. terres ensemencées ou portant une récolte ».

Le droit de destruction ne doit pas avoir pour résultat de mettre sans motif le fusil à la main et de multiplier les occasions de braconnage.

Il faut que la présence en armes d'un propriétaire ou fermier, sur ses terres, soit justifiée par un intérêt certain; si la terre est dépouillée, il n'a rien à protéger et dès lors son action ne serait pas légitime [1].

Il va de soi que désormais seuls les animaux classés pourront être détruits et que les tribunaux n'auront aucune faculté d'extension.

Le règlement d'administration publique ne devra pas se borner à dresser la nomenclature des animaux et à fixer les conditions de l'exercice du droit de destruction ; il est

[1] Un procès nous a montré un particulier apportant sur sa terre dépouillée et voisine du bois, des betteraves qu'il déposait en petits tas dans le but d'attirer les animaux, qu'il venait attendre pendant la nuit sous prétexte de protéger sa récolte.

indispensable qu'il précise les moyens et engins dont l'usage sera licite.

La banderolle pourra trouver ici un emploi justifié.

L'administration a longtemps hésité sur le point de savoir si elle pouvait autoriser l'usage des *panneaux* pour détruire les lapins.

Cette hésitation tenait à la confusion que laisse subsister la loi de 1844 entre le droit de chasse et celui de destruction et à la disposition de l'art. 9 qui prohibe tout engin autre que les furets et les bourses.

Si en matière de chasse la loi doit se montrer sévère, il n'en est pas de même quand il s'agit de détruire.

Qui veut la fin veut les moyens.

On devra donc pour la destruction autoriser l'emploi de tous engins de nature à atteindre le but en excluant cependant ceux qui, disposés à toutes fins exposeraient le gibier *non destructible* à y trouver la mort.

Les filets, dits panneaux, sont un des meilleurs moyens d'avoir raison des lapins; destinés à former clôture et établis à mailles serrées ils ne présentent aucun inconvénient; leur emploi a même été déclaré légitime par le tribunal de Valenciennes (26 septembre 1884).

*
* *

Pour terminer sur ce sujet il nous reste à examiner une question des plus graves, celle de savoir si la destruction aura lieu de plein droit *la nuit* aussi bien que *le jour.*

La généralité des tribunaux le décide *actuellement* ainsi; nous croyons qu'ils se sont trompés sur la pensée de la loi; il nous sera facile de le démontrer.

L'art. 9 dit que « dans *le temps* où la chasse est ouverte, elle s'exerce *de jour* », et plus loin que « les Préfets prendront des arrêtés pour déterminer 1° ..... 2° *le temps* pendant lequel il sera permis de chasser le gibier d'eau, 3° les espèces d'animaux nuisibles que le propriétaire pourra *en tout temps* détruire. Le mot *temps* a été employé par la loi comme synonyme d'époque ou de saison.

La chasse aura lieu en *temps d'ouverture seulement,* la destruction au contraire se fera en *tout temps.*

Le législateur ne se serait pas servi dans le même article d'une même expression s'il y avait attaché deux sens absolument différents.

Pas un mot dans les documents qui ont précédé, accompagné et suivi la loi ne permet de concevoir un doute à cet égard.

Les circulaires ministérielles s'expriment ainsi; celle du Garde des sceaux du 9 mai 1844 :

« L'art. 9 interdit la plus dangereuse de
« toutes les chasses, la *chasse de nuit,* qui a
« été cause de tant de meurtres et de crimes
« contre les personnes. »

Celle du Ministre de l'intérieur du 20 mai :

« La chasse de nuit *de quelque manière*
« *que ce soit et quelle que soit l'espèce de*
« *gibier qu'il s'agirait de prendre,* se trouve
« également prohibée par cette seule dispo-
« sition de l'art. 9. »

N'est-ce pas décisif?

Ne voit-on pas dans le système contraire, de quelles contradictions, de quelles imprévoyances on charge le législateur? Après avoir réglementé la chasse *de jour* dans un sentiment profondément conservateur, du gibier, des propriétés et des personnes, il aurait de la même main, au même moment, anéanti son œuvre en autorisant la destruc-

tion *de nuit,* sans poser aucun principe de
réglementation et sans tenter au moins
d'organiser une surveillance qu'il faut tenir
du reste pour impossible!

Ce n'est pas à la loi qu'on doit s'en prendre,
mais aux sophistes qui ont engagé les
tribunaux dans une voie fausse et dangereuse en invoquant ce motif « que donner
« une autre interprétation à l'art. 9 serait
« rendre cette disposition *illusoire* puisque
« la plupart des animaux échapperaient aux
« recherches du chasseur s'il ne pouvait les
« détruire que pendant le jour. »

L'art. 9 fut-il *illusoire,* il n'appartenait
qu'au législateur de le modifier; mais cette
raison elle-même est une illusion.

Si le destructeur de nuit se tient comme
il le doit sur son champ, il faut qu'à point
nommé l'animal vienne s'offrir à ses coups;
s'il en franchit les limites, il commet un délit
en chassant sur la propriété d'autrui; dans
les deux hypothèses le but qu'il est censé
poursuivre est rarement atteint, car le hasard
des marches des animaux sauvages, leur
changement incessant de direction, l'ins-
tinct, le flair dont ils sont doués les protègent
contre les embûches qui leur sont tendues,
sans parler de la précision du tir qui, pour

beaucoup de chasseurs mal assurée le jour, doit s'atténuer singulièrement au milieu des ténèbres.

Mais en revanche qui dira le nombre des pièces de *gibier* qui succombent à la faveur de ces expéditions nocturnes? Qui révélera les moyens employés pour s'en emparer? Au lieu d'un animal nuisible c'est un autre qui se présente; peut-on espérer de la nature humaine personnifiée dans un chasseur, l'héroïsme dans le devoir, surtout lorsque sa vertu ne se sent pas raffermie par la surveillance des agents et la crainte d'un châtiment?

Nous connaissons des territoires où sous l'empire de ces pratiques détestables qui ne profitent qu'au braconnage, la presque totalité des lièvres de la forêt d'H..... a été détruite.

Ce serait le cas, en l'appropriant au sujet, de rééditer le mot connu :

« O destruction! que de délits on commet « en ton nom! »

Dans ce désordre cynégétique que devient la sécurité publique? Ce point de vue n'avait pas échappé au législateur de 1844. Nos mœurs se sont-elles tellement améliorées qu'on puisse le négliger aujourd'hui?

Malheureusement les statistiques répon-
dent !

En admettant, ce que nous nions, l'effica-
cité de la destruction de nuit, il faudrait
encore la proscrire par des raisons supé-
rieures d'ordre et de moralité sur lesquelles
il serait superflu d'insister.

*
* *

L'agriculteur ne doit pas oublier que
possesseur du sol qui lui donne les produits
et les agréments de la chasse, il est juste
qu'il supporte certaines charges corrélatives;
les moyens de protection lui sont, nonobs-
tant, largement départis.

Au droit général et permanent de destruction viennent s'ajouter 1° les dispositions de
la loi municipale qui charge les Maires
(art. 89) « de prendre de concert avec les
détenteurs du droit de chasse dans les bois
et forêts toutes les mesures nécessaires à la
destruction des animaux nuisibles désignés
dans l'arrêté du Préfet; de faire, en temps de
neige, détourner les loups et sangliers, de
requérir les habitants; » 2° les propositions
du projet d'incorporer dans la loi certains
articles tirés du code rural en préparation

donnant aux Préfets des droits encore plus
étendus et qui mettent les propriétés particulières pour ainsi dire à leur merci;
3° la responsabilité pécuniaire qui peut
peser en cas de négligence sur les détenteurs du droit de chasse.

Que pourrait-il réclamer de plus?

*
* *

C'est pour éviter dans l'avenir une interprétation abusive que nous employons les
mots « en *toute saison* »; on peut maintenir
ceux de la loi de 1844, mais à la condition de
leur restituer leur véritable sens.

Si l'on estimait que des circonstances particulières que nous n'entrevoyons pas pour
notre part pussent nécessiter des destructions de nuit, rien n'empêcherait de donner
aux Préfets le droit de les autoriser par
mesure exceptionnelle.

*
* *

L'art. 51 ne nous semble pas résoudre
d'une façon rationnelle la question du colportage en temps prohibé des animaux
classés; le droit de détruire comporte celui
de transporter; dans quel intérêt exigerait-
on que les animaux tués fussent laissés sur

le sol ? Le transport doit pouvoir s'effectuer pour toutes les espèces, sans distinction, du lieu où ils ont été abattus au domicile du propriétaire ou de ses auxiliaires mais *avec interdiction de vente :* si le nombre des animaux détruits exigeait une exception, une autorisation administrative pourrait y pourvoir dans des conditions qu'elle déterminerait.

⁎⁎

Nous estimons qu'il serait nécessaire d'aggraver les pénalités pour ceux qui autorisés par la loi à détruire sans permis, commettraient à la faveur de cette faculté des délits de chasse ou ne se conformeraient pas aux prescriptions du règlement d'administration publique relatif à la destruction, auquel doit être attachée une sanction spéciale.

⁎⁎

Nous nous expliquons mal le titre V intitulé : « Dispositions communes au Code rural et à la loi sur la chasse. »

Nous y trouvons en effet des dispositions qui font double emploi et contredisent les textes précédents.

C'est ainsi que l'art. 42 revient sur des

réglementations arrêtées dans les articles 5
et 11 ; qu'après avoir donné au propriétaire
du *droit de chasse* le droit de recueillir les
œufs, l'art. 42 l'étend au fermier et au mé-
tayer ; que l'art. 43 classe certaines espèces
comme nuisibles après avoir dans l'art. 11
chargé un règlement d'administration publique de les déterminer et ainsi d'autres.....

Il a dû certainement entrer dans la pensée
de la Commission de revoir et de coordonner
cette partie du projet, pour le moment où la
discussion s'ouvrira.

L'occasion semble propice pour réunir
dans la loi future toutes les dispositions
relatives à la chasse et au droit de destruction
tant des animaux sauvages que des animaux
domestiques tels que les poules et les
pigeons, de manière à donner au Pays un
code complet sur la matière ; en même temps
les jurisconsultes émettent le vœu qu'on
abandonne cette formule commode mais
dangereuse, consistant à « abroger les lois,
« arrêtés, décrets, etc., intervenus sur les
« matières réglées par la loi, en *tout ce qui*
« *est contraire à ses dispositions.* »

Tous les commentateurs de la loi de 1844
ont exprimé le regret que cette loi n'ait pas
décidé elle-même quelles sont celles des

dispositions antérieures qui lui sont ou non contraires.

M. Championnière fait remarquer que cette tâche n'était pas plus difficile pour le législateur que pour le juge et que s'il l'avait remplie comme c'était son devoir, bien des procès eussent été évités,

Le code forestier (art. 218), les lois sur la pêche, sur la presse, sur l'organisation municipale (art. 83, 68, 168) qui passent avec raison pour des œuvres bien ordonnées, n'ont pas voulu encourir cette critique.

Le code de la chasse ne saurait moins faire.

Parmi les legs du passé, dont l'abrogation s'impose, nous signalons toutes les dispositions se rattachant à la Louveterie, qui s'échelonnent depuis l'édit de janvier 1583 jusqu'à l'ordonnance de 1844, en passant par l'arrêté du 19 pluviôse an V, la loi du 10 messidor an V, lesquels font double emploi avec le projet et ne seraient plus qu'une occasion de conflits.

L'arrêt du Conseil de 1697 soumet encore « les *habitants du Berry* » qui ne déféreraient pas aux convocations du Louvetier, à une amende de dix livres; entend-on le laisser en vigueur?

Ces observations nous ont été suggérées par une expérience déjà longue des pratiques de la chasse et des choses judiciaires ; nous les soumettons humblement à l'examen et aux lumières du Parlement.

Un Chasseur-Magistrat.

Septembre 1895.

Senlis. — Imp Nouvian.

IMPRIMERIE

TH. NOUVIAN

SENLIS

www.ingramcontent.com/pod-product-compliance
Lightning Source LLC
Chambersburg PA
CBHW071430200326
41520CB00014B/3633